AF611601

LE CHAT

DE

LA MÈRE MICHEL

SOCIÉTÉ ANONYME D'IMPRIMERIE DE VILLEFRANCHE-DE-ROUERGUE
Jules BARDOUX, Directeur.

LE CHAT

DE

LA MÈRE MICHEL

COMPLAINTE

---

82 illustrations par HOPKINS

PARIS
LIBRAIRIE CH. DELAGRAVE
15, RUE SOUFFLOT, 15

1886

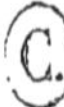

LE CHAT DE LA MERE MICHEL

COMPLAINTE (*)

I

Le marquis de Grenouillère,
Partant pour servir le roi,
Par malheur mourut en guerre
Au combat de Fontenoy;
Et sa veuve inconsolable,
Pour son éternel repos,
Sous le toit du misérable
Répandait l'aumône à flots.

II

Cependant de son veuvage
Le silence lui fit peur;
D'un perroquet le ramage
Vint soulager sa douleur.
Il mangeait de la verdure,
Quand du persil s'y trouva,
Et, lamentable aventure!
Sur-le-champ l'oiseau creva.

III

Alors sa noble maîtresse
Sagement prit le parti
De consoler sa détresse
Par l'achat d'un ouistiti.
Hélas! l'animal en cage
S'ennuyant, dans le jardin,
Sortit par un jour d'orage;
Mais il avait, le gredin,
Oublié son parapluie.
Il prit une pleurésie.

* Cette complainte est une imitation de l'amusant et spirituel conte de M. E. de la Bédollière, intitulé *Histoire de la mère Michel et de son chat*, édité par la maison Hetzel. (1 vol. in-16, prix 2 fr.)

IV

La dame longtemps pleura,
Puis sur sa tombe jura
De n'aimer plus rien sur terre;
Vainement pour lui complaire
Sa parenté lui portait

Écureuils, serins, levrettes,
En un mot toutes les bêtes
Que l'amitié découvrait;
Rien désormais n'agréait.

V

Mais un jour, après l'office,
En sortant de Saint-Germain,
Par hasard sur son chemin
Elle devint protectrice
D'un malheureux chat, captif

Au milieu d'un groupe oisif,
Qui, plein d'une gaîté folle,
Se riait de l'animal
Traînant une casserole
Pour appendice final.

VI

Tout autour la troupe danse

Et force cailloux lui lance.

VII

La marquise à cette vue
De pitié se sent émue,
Et promet un beau louis d'or
Pour l'avoir vivant encor;
Chacun se met en poursuite,
Et le chat est pris bien vite.

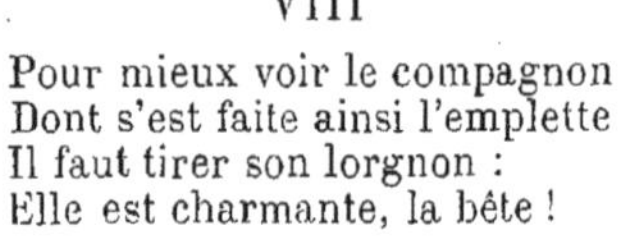

VIII

Pour mieux voir le compagnon
Dont s'est faite ainsi l'emplette
Il faut tirer son lorgnon :
Elle est charmante, la bête !

IX

Minet, insouciant du sort,
Se laisse mettre en carrosse,
Et sur un coussin s'endort
Tandis que trotte la rosse.

X

De la mère Michel se voit ici l'image
A côté du portrait de monsieur Lustucru.
L'une plie un fichu revenu du lavage,
L'autre porte les clefs des vins du meilleur cru.
Il s'en va vers la cave. Y ferait-il bombance ?
Je n'en sais rien; son portrait est si noir [voir.
Que, s'il eut le nez rouge, on n'y peut plus rien
Ce que je puis, du moins, dire avec assurance,
C'est que chez la marquise il fut maître d'hôtel,
Et que la mère Michel
Était femme de confiance.

XI

Lustucru, peu flatté de voir que l'on apporte
Un nouveau commensal, peste et se dit tout bas :
« Oh ! que le diable les emporte ! »
Mais la marquise n'entend pas.
Et voilà Lustucru qui doucement caresse
Le chat, pour plaire à sa maîtresse.

XII

Ce n'est pas là tout; on s'apprête
A faire audit chat sa toilette.
Monsieur Lustucru pompera,
La mère Michel brossera.
Minet, peu fait à l'hydrothérapie,
Croit qu'il y va perdre la vie.

XIII

Heureusement l'émotion
Qu'au chat causa l'ablution
Se dissipe, quand on lui donne
A dîner. La cuisine est bonne;
Le friand goûte à tout : poulet, carpe, canard :
Au bout de quelques jours il devient gras à lard.

XIV

Ce qui ne pouvait lui plaire
C'était ce que Lustucru
Préparait : mets cuit ou cru,
C'est tout au plus s'il le flaire.

XV

Moumouth, c'était son nom, pourtant vivait
Quand un message douloureux [heureux,
Soudain apprit à sa maîtresse
Que sa noble sœur, la comtesse,
Vers l'autre monde s'en allait
Et près de son lit l'appelait :
Triste sort ! D'un ami fidèle
Il va falloir se séparer,
Et la dame pour mieux pleurer
Tire son mouchoir de dentelle.

XVI

Il faut partir promptement;
« A votre sûr dévouement,
Mère Michel, je confie
L'être qui charme ma vie;
Vous recevrez cent louis d'or
Pour soigner mon cher trésor. »
Lustucru de jalousie
Se sent l'âme en frénésie.

XVII

Du chat il jure la mort
Pour se venger de son sort.

XVIII

De Madame la voiture
Est prête. Oh! cruels moments!
Comment peindre la torture
Des derniers embrassements?

XIX

Moumouth, près de la marquise,
Se cramponnait. Le signal
Du départ fait lâcher prise
Aux griffes de l'animal.

XX

Mais pour lui cette émotion
Se trouvait être trop forte;
Faible de constitution,
Il s'évanouit : on l'emporte,
Et puis, pour le fortifier,
On emplit une cuillère
D'un remède salutaire :
L'eau des Carmes de Boyer.

XXI

Pour charmer sa solitude
Mère Michel travaillait;
Près d'elle, exempt d'inquiétude,
Son chat Moumouth sommeillait.
Lustucru qui, dans sa tête,
S'est promis de tuer la bête,
D'un favorable moment
Veut profiter. Doucement
Il s'approche : « Par la goutte
Notre concierge est repris,
Dit-il; vous avez sans doute
Entendu d'ici ses cris ? »

XXII

C'était bien vrai : par la patte
Le portier est enchaîné,
Et, devenu cul-de-jatte,
Il jure comme un damné.

XXIII

Auprès du pauvre invalide
Descend la mère Michel
Alors, le maître d'hôtel,
Qu'une aveugle fureur guide,
Saisit le chat au collet :
« A nous deux, mon camarade !
Ensemble allons, s'il vous plait,
Faire un tour de promenade. »

XXIV

Puis dans un panier il plonge
Moumouth, qui, tout effaré,
Croit être le jouet d'un songe
De son esprit égaré.

XXV

Lustucru vers la rivière
S'enfuit avec son fardeau,
Dans l'intention meurtrière
De jeter la bête à l'eau.

XXVI

Dans un accès d'allégresse
Il esquisse un entrechat,

Tandis que le pauvre chat
Sent augmenter sa détresse.

XXVII

Enfin, voici qu'on arrive
Sur le pont : il faisait nuit,
Et, de l'une à l'autre rive,
On n'entendait aucun bruit.
La nuit protège le crime !
Soudain le panier fatal
S'ouvrant, au fond du canal
Laisse tomber la victime.

XXVIII

Mère Michel de retour,
Dans la maison, dans la cour,
Partout vainement appelle
Son chat : « Hélas ! pense-t-elle,
Moumouth doit être perdu,
Puisqu'il n'a pas répondu ! »

XXIX

Vite la voilà qui monte
En la chambre où Lustucru
Venait de cacher sa honte

Sous un drap de chanvre écru :
« J'ai, le quittant, dit-elle, à votre garde
Confié Moumouth, et partout je regarde
Sans le trouver. Peut-être est-il ici ?
Prenez pitié de mon cruel souci ! »

XXX

Du succès de son audace
Lustucru s'applaudit fort ;
Mais dissimulant : « De grâce
Ne pleurez pas ; c'est à tort.

Par mes soins tout notre monde
Va se mettre à le chercher,
Il n'est retraite profonde
Qui nous le puisse cacher.

XXXI

On n'a rien trouvé ! « Sans doute,
C'est un grand malheur pour tous,
Dit Lustucru, mais il coûte
A vous encor plus qu'à nous.
Je crains bien qu'en sa colère
Madame de Grenouillère
Vous ôte la position
Que vous occupez près d'elle. »
Une anxiété cruelle,
A cette supposition,
S'est peinte sur la figure
De la pauvre créature,
Qui, perdant le sentiment,
Se laisse choir lourdement.

XXXII

Le jour venait de renaître.
La lueur de ses premiers feux
Sur le pont fait apparaître
Des pêcheurs : ils étaient deux.
Ils conviennent à l'avance

Qu'ensemble ils opéreront,
Soutenus par l'espérance
Du bon repas qu'ils feront.

XXXIII

Les lignes, bien amorcées,
Sont adroitement lancées.
Et chacun se dit : Ça mord !
Bientôt, hors de la rivière,
Notre couple amène à bord...
Quoi donc ?... Un chat de gouttière !

XXXIV

Pensez si nos pauvres gens
Firent piteuse figure.

Retrouvant de leurs quinze ans
L'ardeur et la vive allure,
Ils poursuivent, furieux,
L'animal malencontreux,
Qui, plus qu'eux rapide et leste,
Part sans demander son reste.

XXXV

Il entre en une boutique :
C'était chez un boulanger!
Il y voudrait bien manger
Quelque aliment stomachique.

Un rat sort à quatre pas
Et lui fournit son repas.

XXXVI

Un enfant se trouvant là :
« Eh! patron, dit-il, voilà
Un client d'une autre sorte!
Je vais le mettre à la porte. »
Et déjà le polisson,
S'armant d'une casserole,
Joint le geste à la parole.

« Garde-t'en bien, mon garçon;
Ce bon chat, par sa présence,
Des rats détruira l'engeance. »

XXXVII

Moumouth, car c'était lui-même,
Dès lors est fort respecté;
Mais le chat, comme nous, aime
Avant tout la liberté.
En voyant porte et croisée
Se fermer, hors de ces lieux
Il s'échappe sans adieux
Par une vitre brisée.

XXXVIII

Tout à coup qu'aperçoit-il?
Un gros vilain chien de garde
Qui fixement le regarde
Et qui fronce le sourcil.

XXXIX

Moumouth avait pris la fuite,
Mais bientôt à sa poursuite
Sont tous les chiens du canton.
Chacun, d'un différent ton,
Aboie après notre bête :
Elle en va perdre la tête...

XL

A Moumouth s'offrit un mur,
Fort à point, sur son passage;
Il s'en fait un abri sûr,
Tandis que la meute enrage.

XLI

Et pendant ces tristes jours
Mère Michel que fait-elle?
Gardant sa douleur mortelle
Ses sanglots suivent leur cours.

XLII

Lustucru, qui d'un mensonge
S'enrichit chaque matin,
A, dit-il, du chat, en songe,
Connu le retour certain.

XLIII

Recouvrant de l'espérance,
Mère Michel recommence;
A fureter en tous lieux;
Elle y va perdre les yeux.

XLIV

Lustucru, le galant homme!
L'accompagne en ce moment
Au grenier; et voyez comme
Il cherche attentivement.

XLV

Mais un miaou! soudain s'est fait entendre
Et le maître d'hôtel reste tout éperdu [tendre,
Quand de la pauvre femme il voit les bras s'é-
Et qu'elle crie : « Enfin, Moumouth m'est donc
[rendu! »

XLVI

Au comble de la colère
Lustucru pèse à nouveau
Les moyens de se défaire
De ce sorcier de chat échappé du tombeau.

XLVII

Alors lui vient en mémoire
Qu'il garde dans son armoire
Un paquet de mort aux rats :
« Qui sait si cette substance
N'agirait point sur les chats?
Faisons-en l'expérience. »

XLVIII

De Moumouth à chaque instant
L'appétit va s'aiguisant;
Même il arrache une pièce
Au jupon de sa maîtresse.

XLIX

Enfin! Monsieur est servi.
Voici qu'on ouvre la porte :
C'est le maître d'hôtel qui gravement apporte
Un mets dont l'animal est tout d'abord ravi.

L

Bien vite Moumouth le flaire
Puis, s'éloigne du ragoût.
D'où peut venir ce dégoût?
Ah! le mauvais caractère!

LI

Mère Michel cependant,
Voulant se bien rendre compte,
De ce bizarre accident,
S'en allait porter la dent
Au morceau : « C'est une honte,
Fait Lustucru; ce pâté
Pour une bête apprêté
Serait votre nourriture!

Respectez la dignité
De notre humaine nature. »
Cet argument l'éblouit,
Sans réplique elle obéit.

LII

Le plat, oublié sans doute,
Demeure en un sombre coin,
Mais, pressé par le besoin,
Voilà qu'un gros rat y goûte.
Aussitôt le malheureux
Va retrouver ses aïeux.

LIII

Le maître d'hôtel, en rage,
Ne perd pourtant pas courage.
C'est d'Alexandre le Grand
Qu'en ce jour il entreprend

De se faire un auxiliaire.
Madame de Grenouillère
Du héros mit en ces lieux
Le buste : car à ses yeux

Il représentait l'image
De l'époux qu'un mortel trait
Frappa, sans qu'aucun portrait
Eût reproduit son visage.
D'ailleurs Lustucru savait
Que ce monarque avait fait
Au pays des schahs la guerre.
Où trouver mieux son affaire?

LIV

Chaque nuit Moumouth s'endort
Au pied dudit personnage;
Tout à coup un balai sort
Du beau milieu d'un vitrage.
Il renverse le grand roi,
Et l'assassin se dit: « Le chat est mort, je croi. »

LV

Mère Michel se sent prise
De terreur; mais en chemise

On voit le traître accourir
Pour aller la secourir.

LVI

D'émotion la malheureuse
S'affaissait, quand, doucement,
Un bon verre de chartreuse
Lui rend vie et mouvement.

LVII

Vous jugez de sa gaîté,
Voyant le roi culbuté
Sans que d'aucune blessure
Semble souffrir l'animal.

« Tout cela finira mal,
Pense Lustucru; je jure
Par mon bonnet de coton
Qu'il mourra sous mon bâton. »

LVIII

Pourtant, contre sa vengeance
Sachant le chat protégé,

Lustucru, découragé,
Reconnaît son impuissance,
Et court prendre son chapeau
Pour s'aller jeter à l'eau.

LIX

A peine dehors il frôle
Un fort vilain petit drôle
Qu'une vieille sermonnait
Et du geste menaçait.

LX

Justement la femme quitte
Le polisson, qui, bien vite,
Grimpe d'un air triomphant
Sur une borne. L'enfant,
En ce haut poste, examine
L'habitation voisine.

LXI

« Que fais-tu là, mon garçon ?
Dit Lustucru. — Moi ? Je pense,
En voyant cette maison,
Qu'on y doit en abondance
Avoir à boire, à manger ;
Cela me fait enrager.

— Tu veux entrer là ? — Sans doute.
— Alors, mon petit, écoute ! »
Du maître d'hôtel l'espoir
Renaissait. Il croyait voir
Dans le gamin un compère,
Pour l'aider à se défaire
De son mortel ennemi.
« Quel est ton nom ? — Faribole.
— C'est bon. Crois à ma parole,
Viens. Dans un mois et demi
Rentre la propriétaire
De l'hôtel La Grenouillère ;
D'ici là je t'apprendrai
Le service et te rendrai
Fort savant dans la cuisine.
Viens, j'aime beaucoup ta mine ! »

LXII

Par de légers accidents
L'apprentissage commence,
Et l'on voit s'orner de dents
Les assiettes de faïence.

LXIII

Par bonheur l'enfant plaisait
A Moumouth : il s'amusait
A lui faire des caresses.
Lustucru s'en réjouissait;
Pour lui cela compensait
Les plus grandes maladresses.

Or un jour il dévoila
Ses projets, et les voilà :

LXIV

« Je veux, dit-il, Faribole,
Exterminer ce chat hideux dont on raffole.
Il t'aime, il te suivra; il faut, dès ce matin,
L'attirer au fond du jardin,
Puis le mettre en un sac : tu le feras sans peine;
Et j'ai préparé deux bâtons
Avec lesquels nous frapperons
Jusqu'à ce que la mort survienne. »

LXV

A cet ordre inattendu,
L'enfant demeure éperdu;
Puis retrouvant son courage :
« Je ne puis d'un tel ouvrage
Me charger. — Fort bien ! Alors,
Reprends tes haillons et sors. »

LXVIII

En effet, ses assassins
S'armaient d'énormes gourdins,
Quand un bruit se fait entendre,
Et Lustucru croit comprendre
Que Madame est de retour.
Ordonnant à son complice
D'achever le sacrifice
Vite il vole dans la cour.

LXVI

Le jeune homme en sa détresse
Vainement pense toucher
Ce cœur plus dur qu'un rocher.
Se riant de sa faiblesse,
Le tyran ne dit mot, hors :
« Reprends tes haillons et sors ! »

LXVII

Sous l'empire de la crainte
Faribole est abattu ;
Il sent faiblir sa vertu,
Et, cédant à la contrainte,
Il consent à partager
Le crime. Dans le verger
Voyez la bête qu'on porte.
Bientôt elle sera morte !

LXIX

Madame de Grenouillère
Baise avec effusion
La fidèle chambrière,
Gardienne de l'objet de son affection.

LXX

Pendant ce temps Faribole,
Assis au fond du jardin,
Martyrise la corolle
D'une fleur qu'il tient en main.

Quand vient son maître il assure
Avoir à notre chat donné la sépulture.
Mais, en réalité, par un arrêt plus doux,
Moumouth avait été vendu pour quinze sous.

LXXI

Aussitôt qu'à sa maîtresse
Elle a souhaité le bonjour,
La mère Michel s'empresse
De donner au chat son tour.

Mais en tous lieux on l'appelle.
Cette fois, c'est bien en vain;
La marquise, de chagrin,
Faillit mourir : « Ah ! dit-elle,
Il faut aller promptement
Trouver la devineresse
Que mon inquiète tendresse
Consulta si fréquemment
Quand monsieur de Grenouillère
Loin de moi partit naguère. »
Alors, sans perdre un moment,

Mère Michel, fort soumise
Aux ordres de la marquise,
Obéit, et trois écus
Roulent dans les doigts crochus
De la vieille prophétesse
Qu'éblouit tant de largesse.

LXXII

Tenant ses cartes en main,
Elle y voit que le destin
Contre Moumouth se déchaîne,
Que vers la mort on l'entraîne;
Bref, qu'il vient d'être égorgé
Pour être en civet mangé.

LXXIII

Mais, miracle! on voit paraître
Le chat. Par une fenêtre
Il a sauté. Stupéfait,
L'oracle reste muet.

« Vous l'aviez volé, madame,
Ah! ma foi, pour vous tant pis!
Pensez-vous qu'en paradis
Vous l'emporterez? Non, dame! »

LXXIV

« J'avais besoin d'un chat noir,
Murmure pour toute excuse
La prophétesse confuse;

Longtemps j'ai nourri l'espoir
D'en posséder un; le vôtre
Me fut vendu comme un autre. »

LXXV

Moumouth est donc rapporté
A son heureuse maîtresse.
Pour le coup Lustucru, par trop désappointé,
Ne peut s'imaginer qu'encor il reparaisse,
Et bien peu s'en fallut, dit-on, qu'il ne criât :
« Il me faut cette fois donner ma langue au chat! »

LXXVI

O comble de perfidie!
Le traître vient accuser
Son complice, et déposer
Contre lui. Mais l'enfant nie
Toute mauvaise intention :
« Du chat j'ai sauvé la vie;
Cet homme en sa barbarie
L'eût occis sans rémission. »

LXXVII

Madame de Grenouillère
Ne peut croire à ce récit,
Et donne ordre, en sa colère,
De chasser l'enfant maudit.
Pour prouver son innocence
Se chargeant de la vengeance,
Lustucru met du talon
Le gamin hors du salon.

LXXVIII

Jamais le bonheur ne dure
Aux méchants : par aventure,
Dans un coin très écarté,
L'on retrouva le pâté
Fait pour le chat. Cette vue
Fut une révélation.

Savants, lunettes, cornue
Sont mis à contribution,
Et, d'accord, par l'analyse,
D'une manière précise
Prouvent qu'un affreux poison
S'y mélangeait à foison.

LXXIX

Alors se faisant justice,
Sans attendre la police,
Lustucru s'enfuit bien fort
Et court prendre un passeport

Pour aller en Australie
Finir sa coupable vie.

LXXX

Mais, trop juste punition,
Au bord d'une île sauvage
Le malheureux fit naufrage
Et, sans nulle compassion,
Un cruel anthropophage
S'en fit un maigre potage.

LXXXI

A ce triste événement
Madame de Grenouillère,
Hélas! ne survécut guère.
Pour prix de son dévouement,
Mère Michel d'un cottage
Hérita par testament :
On en voit ici l'image.

LXXXII

Près d'elle vécut heureux
Moumouth, et même l'histoire
Dit qu'il sut charmer les yeux
D'une belle chatte noire.
Répondant à son désir,
Elle lui donna sa patte;
Leur union vint réjouir
Mère Michel, qui se flatte
De vivre encor de longs ans
Avec ses petits enfants.

SOCIÉTÉ ANONYME D'IMPRIMERIE DE VILLEFRANCHE-DE-ROUERGUE. — JULES BARDOUX, DIRECTEUR.

www.ingramcontent.com/pod-product-compliance
Ingram Content Group UK Ltd.
Pitfield, Milton Keynes, MK11 3LW, UK
UKHW020353250726
13967UKWH00005B/2265

9 782011 943644